30 Días con Dios

Volumen 2

Lecturas diarias que te fortalecerán
y te acercarán al Padre

Andrés Reina

Copyright © 2015 - 2016 Andrés Reina

Copyright © 2015 - 2016 Editorial Imagen.
Córdoba, Argentina

Editorialimagen.com
All rights reserved.

Todos los derechos reservados. Ninguna parte de este libro puede ser reproducida por cualquier medio (incluido electrónico, mecánico u otro, como ser fotocopia, grabación o cualquier sistema de almacenamiento o reproducción de información) sin el permiso escrito del autor, a excepción de porciones breves citadas con fines de revisión.

Todas las referencias bíblicas son de la versión Reina-Valera 1960, Copyright © 1960 by American Bible Society excepto donde se indica: TLA - Traducción Lenguaje Actual, Copyright © 2000 by United Bible Societies. NVI - Nueva Versión Internacional, Copyright © 1999 by Biblica. DHH - Biblia Dios Habla Hoy, Tercera edición © Sociedades Bíblicas Unidas, 1966, 1970, 1979, 1983, 1996. Usada con permiso. NTV - Santa Biblia, Nueva Traducción Viviente, © Tyndale House Foundation, 2010. Usado con permiso de Tyndale House Publishers, Inc., 351 Executive Dr., Carol Stream, IL 60188, Estados Unidos de América. Todos los derechos reservados.

CATEGORÍA: Vida Cristiana/ Devocionales

Impreso en los Estados Unidos de América

ISBN-13:
ISBN-10:

ÍNDICE

Día 1 En momentos difíciles 1
Día 2 Cómo hacer crecer tu fe en el Señor Jesucristo ...3
Día 3 Tenemos que hablar de esto 5
Día 4 Seis pasos para triunfar esta semana 7
Día 5 ¿Por qué a mí? 11
Día 6 Clama a Dios y Él te escuchará 13
Día 7 Cuando sufrimos soledad..................................... 17
Día 8 Más valiosa que el oro 21
Día 9 Lo más importante 23
Día 10 No te preocupes 25
Día 11 Desde mi cruz a tu soledad 27
Día 12 No te alejes.. 31
Día 13 Para saber cómo actuar 33
Día 14 Si has fallado... 35
Día 15 Tu condición en Cristo.. 39
Día 16 Cómo desarrollar un espíritu superior en ti .. 43
Día 17 Eres el que sigue 47
Día 18 Lo que a Dios le interesa.................................... 49
Día 19 Una pregunta clave... 53
Día 20 Tu premio o castigo 57
Día 21 Lo que enfrentamos todos los días 59

Día 22 Lo que tienes dentro 61

Día 23 Lo que Dios hizo 63

Día 24 ¿Estás poniendo de tu parte? 65

Día 25 No sirve de nada 67

Día 26 Lo que más me gusta 71

Día 27 Aprende a reconocer actitudes y circunstancias que dañan tu vida 75

Día 28 ¿Te queda alguna duda? 79

Día 29 ¿No te ha pasado? 81

Día 30 Dios camina con nosotros 83

Recursos Cristianos 85

Más Libros del Autor 89

Más Libros de Interés 91

Día 1

En momentos difíciles

Si estás pasando por alguna prueba o dificultad, hoy tengo un mensaje de Dios para ti.

En este día Jesús te dice, como le dijo a sus discípulos: "No te preocupes. Confía en Dios y confía también en mí." Juan 14:1 (TLA)

No te olvides que el Señor es bueno, "es refugio en el día de la angustia, y protector de los que en él confían." Nahúm 1:7 (NVI)

Así que hoy puedes orar como el salmista: "Aunque pase yo por grandes angustias, tú me darás vida; contra el furor de mis enemigos extenderás la mano: y tu mano derecha me pondrá a salvo!" Salmos 138:7 (NVI)

"A las montañas levanto mis ojos; ¿de dónde ha de venir mi ayuda? Mi ayuda proviene del Señor, creador del cielo y de la tierra." Salmos 121:1-2 (NVI)

Debemos decir como Pablo: "Aunque pasamos por muchas dificultades, no nos desanimamos. Tenemos preocupaciones, pero no perdemos la calma. La gente nos persigue, pero Dios no nos abandona. Nos hacen caer, pero no nos destruyen." 2 Corintios 4:8-9 (TLA)

Recuerda que "el diablo le puso a Jesús las mismas trampas que nos pone a nosotros para hacernos pecar, sólo que Jesús nunca pecó. Por eso, él puede entender que nos resulta difícil obedecer a Dios. Así que, cuando tengas alguna necesidad, acércate con confianza al trono de Dios. Él te ayudará, porque es bueno y te ama." Hebreos 4:15-16 (TLA)

Día 2

Cómo hacer crecer tu fe en el Señor Jesucristo

Mucha gente se pregunta lo siguiente: ¿Cómo puedo mantenerme fuerte espiritualmente? ¿Cómo puedo hacer crecer mi fe en el Señor Jesucristo? La respuesta la tenemos, como siempre, en la bendita Palabra de Dios:

"Así que la fe viene como resultado de oír el mensaje, y el mensaje que se oye es la palabra de Cristo." Romanos 10.17 (NVI).

Oír, escuchar: Cada vez que escuchas la palabra de Dios tu fe se fortalece, comienzas a creer otra vez.

Eso es lo que hago diariamente. En este mundo de

muchas actividades, siempre llevo mi MP3 conmigo cargado de buenas prédicas que levanten mi espíritu y me ayuden a enfocar mi fe en Jesús.

En este día quiero recomendarte una prédica que escuché hace poco titulada "Los siete ancianos rusos", por el pastor Jorge Bogdan. Te atrapará esta historia de unos viejitos que nadie daba nada por ellos, sin embargo nos dejan una poderosa enseñanza.

Si tu fe se está debilitando y piensas que no hay salida para tu situación, al oír este mensaje aprenderás que la realidad adversa puede vencer nuestra visión, o nosotros podemos hacer que la visión destruya la realidad adversa.

Cuando piensas en pequeño para Dios, Él piensa en pequeño para ti, pero si piensas en grande Él obrará en grande para ti.

Ve al siguiente link para escuchar y descargar esta prédica: http://sermonescristianos.net/jorge-bogdan/audio/131/los-siete-ancianos-rusos

Día 3

Tenemos que hablar de esto

En el capítulo anterior vimos cómo mantenerse fuerte espiritualmente: haciendo crecer nuestra fe, lo cual se logra escuchando más y más de la Palabra de Dios. Cuando oyes la Palabra empiezas a creer y tu fe aumenta.

Pero una parte importante de nuestra fe es hablarla. Creemos, entonces hablamos. Cuando hablas en fe lo que Dios dice, entonces verás resultados.

Una vez Jesús dijo: "Tened fe en Dios. De cierto os digo que cualquiera que diga a este monte: «Quítate y arrójate en el mar», y no duda en su corazón, sino que cree que será hecho lo que dice, lo que diga le será hecho." Marcos 11.22-23 (RV95)

La gente piensa que solo con creer es suficiente, pero sus creencias sin acción no traerán resultados positivos a su vida. Jesús no dijo "Cualquiera que creyere" sino más bien "Cualquiera que DIGA."

Si lo que quieres es que nada suceda en tu vida simplemente quédate callado y no digas nada, pero si deseas el poder de Dios obrando en tu vida y tu situación, háblale a tu montaña ahora mismo y declara la Palabra de Dios.

Como seres humanos siempre estamos hablando de lo que vemos, pero es increíble que Dios, cuando hizo el mundo, no habló lo que Él veía (oscuridad), sino que habló lo que quería ver (¡luz!).

Si de lo único que hablas es de lo que ves, entonces obtendrás sólo lo que ya tienes. Necesitas empezar a decir lo que Dios dice de ti. Necesitas hablar de las cosas que Dios dice que te pertenecen.

El apóstol Pablo entendía muy bien este principio cuando dijo: "Pero teniendo el mismo espíritu de fe, conforme a lo que está escrito: «Creí, por lo cual hablé», nosotros también creemos, por lo cual también hablamos." 2 Corintios 4.13 (RV95)

Así que, es hora de HABLAR la Palabra de Dios!

Día 4

Seis pasos para triunfar esta semana

1. Conoce a Dios. No un conocimiento histórico, sino personal. Conoce Sus caminos, Su voluntad y Su poder. Dios dice: "Pues por falta de conocimiento mi pueblo ha sido destruido." (Oseas 4.6a). "Lo que pido de ustedes es amor y no sacrificios, conocimiento de Dios y no holocaustos." (Oseas 6.6) Y Romanos 11.33 dice: "¡Qué profundas son las riquezas de la sabiduría y del conocimiento de Dios!"

2. Conócete a ti mismo. Tienes un origen sobrenatural con un propósito específico en la vida y un destino eterno. Aprende lo que Dios piensa y dice de ti. "Dios puede hacer muchísimo más que todo lo que podamos imaginarnos o pedir, por el poder que obra eficazmente en nosotros." Efesios 3.20

3. Mira con quién te juntas. Rodéate de personas de fe. "Quien con sabios anda, a pensar aprende; quien con tontos se junta, acaba en la ruina." Proverbios 13.20 (TLA). Elije muy bien tus amistades.

4. Aprende a perdonar. "Cuando oren, perdonen todo lo malo que otra persona les haya hecho. Así, Dios, su Padre que está en el cielo, les perdonará a ustedes todos sus pecados." (Marcos 11:25-26) "No juzguen, y no se les juzgará. No condenen, y no se les condenará. Perdonen, y se les perdonará". (Lucas 6.37) "Sean bondadosos y compasivos unos con otros, y perdónense mutuamente, así como Dios los perdonó a ustedes en Cristo." (Efesios 4.32)

Les debemos perdón a quienes nos ofenden y nos hieren porque Dios nos perdonó a nosotros. Y si perdonar es un mandato de Dios entonces es algo posible de hacer. No se trata de un sentimiento sino de una decisión. Es la decisión de no vengarse, decisión de no odiar, decisión de no cobrar. En una ocasión escuché una gran verdad: No perdonar es como tomarse un veneno y esperar que sea el otro quien se muera.

5. NUNCA te rindas. Lo que todavía no has logrado es porque no lo has intentado. Aprende de tus fracasos. Si has fallado significa que no funciona de esa manera y debes intentarlo de otra forma. El apóstol Pablo nos alienta así: "Hermanos, yo mismo no pretendo haberlo ya alcanzado; pero una cosa hago: olvidando ciertamente lo que queda atrás, y extendiéndome a lo que está delante, prosigo a la meta, al premio del supremo llamamiento de Dios en Cristo Jesús." Filipenses 3.13-14

6. Cuida tu grandeza. Somos herederos en el reino de Dios. Las gallinas caminan con la cabeza hacia abajo, pero la Biblia habla de nosotros como águilas que remontan vuelo en las alturas: "pero los que confían en el SEÑOR renovarán sus fuerzas; volarán como las águilas: correrán y no se fatigarán, caminarán y no se cansarán". Isaías 40:31 (NVI)

No te olvides de dónde vienes, sólo así sabrás hacia dónde dirigir tu camino.

Día 5

¿Por qué a mí?

Tengo que serte sincero, muchas veces he pasado por pruebas en las cuales me pregunto: "¿Por qué me pasa esto a mí?" Y pienso que soy el único con ese problema, el único que está viviendo esa dificultad.

Pero cuando aparto un tiempo para investigar qué dice Dios acerca de mi situación, encuentro lo siguiente:

"Ustedes no han pasado por ninguna tentación que otros no hayan tenido. Y pueden confiar en Dios, pues él no va a permitir que sufran más tentaciones de las que pueden soportar. Además, cuando vengan las tentaciones, Dios mismo les mostrará cómo vencerlas, y así podrán resistir." 1 Corintios 10:13 (TLA)

Dios es tan misericordioso que junto al problema me mostrará la salida, sólo tengo que estar atento a Sus direcciones y mantenerme fiel. "Y aunque no seamos fieles, Cristo permanece fiel porque él jamás rompe su promesa".

Así que "podemos estar seguros de lo que hemos creído. Porque lo que Dios nos ha enseñado es como la sólida base de un edificio, en donde está escrito lo siguiente: "Dios sabe quiénes son suyos", y también dice: "Que todos los que adoran a Dios dejen de hacer el mal". 2 Timoteo 2:13;19 (TLA)

Así que Dios "no permitirá que tu pie resbale; jamás duerme el que te cuida. Jamás duerme ni se adormece el que cuida de Israel." Salmos 121:3-4 (NVI)

"Dios te eligió a ti para que compartas todo con Su Hijo Jesucristo, nuestro Señor, y él siempre cumple Su palabra." 1 Corintios 1:9 (TLA)

Hoy Dios te dice, como le dijo a Jacob hace miles de años: "Yo estoy contigo. Te protegeré por dondequiera que vayas, y te traeré de vuelta a esta tierra. No te abandonaré hasta cumplir con todo lo que te he prometido." Génesis 28:15 (NVI)

Día 6

Clama a Dios y Él te escuchará

Hoy sólo me gustaría recordarte que "Dios escucha a los suyos y los libra de su angustia." Salmos 34:17 (TLA)

"Cuando Dios se enoja, el enojo pronto se le pasa; pero cuando ama, su amor dura toda la vida. Tal vez lloremos por la noche, pero en la mañana vendrá la felicidad." Salmos 30:5 (TLA)

Te puede atacar un ejército, pero no debes sentir miedo; tal vez te hagan la guerra, pero tú mantén la calma. Cuando vengan tiempos difíciles, Dios te dará protección: Él te esconderá en Su templo, que es el lugar más seguro. Él te dará la victoria sobre tus enemigos; así que simplemente canta himnos en Su honor, y ofrece sacrificios de gratitud en Su santo templo.

Seguramente una voz interna te dice: "¡Busca a Dios!" Así que búscalo. Él es tu ayuda. ¡Él es tu salvador! Él está a sólo una oración de distancia, clama a Él y te responderá. Tus padres y toda tu familia podrán abandonarte, pero tu amoroso Dios te adoptará como hijo.

"Bendeciré a Jehová en todo tiempo; su alabanza estará de continuo en mi boca.

En Jehová se gloriará mi alma; Lo oirán los mansos, y se alegrarán. Engrandeced a Jehová conmigo, y exaltemos a una su nombre. Busqué a Jehová, y él me oyó, Y me libró de todos mis temores.

Los que miraron a él fueron alumbrados, y sus rostros no fueron avergonzados. Este pobre clamó, y le oyó Jehová, Y lo libró de todas sus angustias. El ángel de Jehová acampa alrededor de los que le temen, y los defiende. Gustad, y ved que es bueno Jehová; Dichoso el hombre que confía en él". (Salmos 34.1-8)

Cuando se dice en "Todo tiempo" se refiere a que no importan las circunstancias, en tiempos malos y en tiempos buenos. Te animo a que el día de hoy levantes una oración de gratitud a tu creador. El salmista nombra algunos de los beneficios que tiene poner nuestra mirada en nuestro Señor. Hoy fija tus ojos en Dios, y no prestes atención a tus circunstancias. ¡Dios es TODOPODEROSO!

Así que no dejes pasar este día sin decir: "Dios mío, sólo una cosa te pido, sólo una cosa deseo: déjame vivir en tu templo todos los días de mi vida, para contemplar tu hermosura y buscarte en oración." (Inspirado en Salmos 27:3-10)

Día 7

Cuando sufrimos soledad

Creo que todos, en algún momento de nuestra vida, llegamos a sentir la soledad. Esa sensación de que no hay nadie alrededor nuestro, o que nadie nos entiende, o que todos nos abandonaron.

Sentirnos solos es algo muy común. Sentimos que no nos escuchan, que a nadie le interesa lo que nos pasa, etc. ¿Está mal sentirse solo? Para nada, el mismo Jesús se sintió abandonado por Dios antes de morir.

Lo que sí importa es qué haces cuando te sientes en soledad. Puedes elegir rendirte ante esos pensamientos que rondan tu cabeza ("No me entiende", "no le importo", nadie me ayuda", etc.), o puedes elegir creer lo que Dios piensa de ti.

Es una elección que debes tomar cuanto antes. Seguir con tu soledad, o escuchar lo que Dios te dice hoy:

"Aunque cambien de lugar las montañas y se tambaleen las colinas, no cambiará mi fiel amor por ti ni vacilará mi pacto de paz, dice el Señor, que de ti se compadece". Isaías 54:10 (Nueva Versión Internacional)

"Yo estaré siempre contigo hasta el fin del mundo". Mateo 28:20 (TLA)

De modo que no te quede ninguna duda: No estás en soledad, Jesús está contigo!

Recuerda lo que dijo el apóstol Pablo: "¿Quién podrá separarnos del amor de Jesucristo? Nada ni nadie. Ni los problemas, ni los sufrimientos, ni las dificultades. Tampoco podrán hacerlo el hambre ni el frío, ni los peligros ni la muerte.

En medio de todos nuestros problemas, estamos seguros de que Jesucristo, quien nos amó, nos dará la victoria total. Yo estoy seguro de que nada podrá separarnos del amor de Dios: ni la vida, ni la muerte, ni los ángeles, ni los espíritus, ni lo presente, ni lo futuro, ni los poderes del cielo, ni los del infierno, ni nada de lo creado por Dios.

¡Nada, absolutamente nada, podrá separarnos del amor que Dios nos ha mostrado por medio de nuestro

Señor Jesucristo!" Romanos 8:35-39 (TLA)

Sea que lo hayas sentido en el pasado o que lo estés experimentando ahora, la verdad es que hay Alguien contigo ahora mismo del cual nadie puede alejarte.

"Porque el Señor tu Dios, es un Dios compasivo, que no te abandonará ni te destruirá, ni se olvidará del pacto que mediante juramento hizo con tus antepasados." Deuteronomio 4:31 (NVI)

Aunque cambien de lugar las montañas
y se tambaleen las colinas,
no cambiará mi fiel amor por ti
ni vacilará mi pacto de paz,
dice el Señor, que de ti tiene misericordia.
Isaías 54:10 (NVI)

"Nuestro Dios es como un castillo que nos brinda protección. Dios siempre nos ayuda cuando estamos en problemas." Salmos 46:1 (TLA)

Así que te animo a que hoy ores como el salmista David: "Mis padres podrán abandonarme, pero tú (Dios) me adoptarás como hijo". Salmos 27:10 (TLA)

Día 8

Más valiosa que el oro

Si en el día de hoy te encuentras en desánimo, habla con Dios como lo hizo el salmista: "Cuando me encuentro en problemas, tú (Dios) me das nuevas fuerzas. Muestras tu gran poder y me salvas de mis enemigos". Salmos 138:7 (TLA)

Jesús les dijo a sus discípulos: "No se angustien. Confíen en Dios, y confíen también en mí. La paz les dejo; mi paz les doy. Yo no se la doy a ustedes como la da el mundo. No se angustien ni se acobarden." Juan 14:1 y 27 (NVI)

"Por eso, aunque pasamos por muchas dificultades, no nos desanimamos. Tenemos preocupaciones, pero no perdemos la calma. La gente nos persigue, pero Dios no nos abandona. Nos hacen caer, pero no nos destruyen." 2 Corintios 4:8-9 (TLA)

"Por eso, no dejen de confiar en Dios, porque sólo así recibirán un gran premio. Sean fuertes, y por ningún motivo dejen de confiar cuando estén sufriendo, para que así puedan hacer lo que Dios quiere y reciban lo que él les ha prometido." Hebreos 10:35-36 (TLA)

"Por eso, aunque sea necesario que por algún tiempo tengas muchos problemas y dificultades, alégrate. Porque la fe que tienes en Dios es como el oro: así como la calidad del oro se prueba con fuego, la fe que tienes en Dios se prueba por medio de los problemas.

Si pasas la prueba, tu fe será más valiosa que el oro, pues el oro se puede destruir. Así, cuando Jesucristo aparezca, hablará bien de la fe que tienes en Dios, porque una confianza que se ha probado tanto merece ser muy alabada." 1 Pedro 1:6-7 (TLA)

Día 9

Lo más importante

Nunca ames algo que no pueda corresponder tu amor. Las cosas que no te pueden devolver amor son sólo eso: cosas. Tal vez tengas una especie de cariño por esa casa, ese equipo de música, auto o lo que sea, pero ese objeto no puede, y nunca podrá, devolverte amor.

Mira las cosas materiales como cosas reemplazables. Un día las tienes y otro día ya no. Pueden alquilarse o comprarse. Muchas veces no necesitas comprarlas para experimentarlas.

Lo que realmente importa son las relaciones que tienes con otras personas, el amor que compartes con ellos y la felicidad que traes a sus vidas. Los buenos momentos, experiencias e historias que has vivido con ellos no tienen precio, son de un valor incalculable.

Y las personas sí pueden amarte y corresponder el cariño y la atención que tú les brindas.

Por eso "Tratemos de ayudarnos unos a otros, y de amarnos y hacer lo bueno. No dejemos de reunirnos, como hacen algunos. Al contrario, animémonos cada vez más a seguir confiando en Dios, y más aún cuando ya vemos que se acerca el día en que el Señor juzgará a todo el mundo". Hebreos 10:24-25 (TLA)

"El cuerpo humano está compuesto de muchas partes, pero no todas ellas tienen la misma función. Algo parecido pasa con nosotros como iglesia: aunque somos muchos, todos juntos formamos el cuerpo de Cristo. Romanos 12:4-5 (TLA)

Día 10

No te preocupes

Con semejantes tiempos difíciles que estamos viviendo alrededor del mundo en lo financiero, es muy fácil caer en la preocupación y la incertidumbre de no saber si tendremos trabajo el día de mañana.

Lo bueno es que tenemos la Palabra de Dios, que permanecerá para siempre. Hoy me gustaría compartirte lo que dijo el autor de la carta a los hebreos:

"No vivan preocupados por tener más dinero. Estén contentos con lo que tienen, porque Dios ha dicho en la Biblia: "Nunca te dejaré abandonado". Por eso, podemos repetir con toda confianza lo que dice la Biblia: "No tengo miedo. Nadie puede hacerme daño porque

Dios me ayuda." Hebreos 13.5-6 (TLA)

"No te preocupes por nada. Más bien, ora y pídele a Dios todo lo que necesitas, y se agradecido. Así Dios te dará su paz, esa paz que la gente de este mundo no alcanza a comprender, pero que protege el corazón y el entendimiento de los que ya son de Cristo." Filipenses 4:6,7 (TLA)

"Ya no te preocupes preguntando qué vas a comer, qué vas a beber o qué ropa te vas a poner. Sólo los que no conocen a Dios se preocupan por eso. Tú no te desesperes por esas cosas. Tu Padre que está en el cielo sabe que las necesitas.

Lo más importante es que reconozcas a Dios como único rey, y que hagas lo que él te pide. Todo lo demás, él te lo dará a su tiempo.

Así que no te preocupes por lo que pasará mañana. Ya tendrás tiempo para eso. Recuerda que ya tenemos bastante con los problemas de cada día." Mateo 6:25-34 (TLA)

Así que, "pon tus preocupaciones en las manos de Dios, pues él tiene cuidado de ti". 1 Pedro 5:7 (TLA)

"Dios te proveerá de todo lo que necesitas, conforme a las gloriosas riquezas que tiene en Cristo Jesús." Filipenses 4.19 (NVI)

Día 11

Desde mi cruz a tu soledad

En este día el devocional está a cargo de mi mejor amigo, Jesús, y Él te dice lo siguiente:

Te escribo desde mi cruz a tu soledad, que tantas veces me miraste sin verme y me oíste sin escucharme.

A ti, que tantas veces prometiste seguirme de cerca y sin saber por qué te distanciaste de las huellas que dejé en el mundo para que no te perdieras.

A ti, que no siempre crees que estoy contigo, que me buscas sin hallarme y a veces pierdes la fe en encontrarme, y que a veces piensas que soy un recuerdo y no comprendes que estoy vivo.

Yo soy el principio y el fin, soy el camino para no desviarte, la verdad para que no te equivoques y la vida para no morir.

Mi tema preferido es el amor, que fue mi razón para vivir y para morir.

Yo fui libre hasta el fin, tuve un ideal claro y lo defendí con mi sangre para salvarte.

Fui maestro y servidor, soy sensible a la amistad y hace tiempo que espero que me regales la tuya.

Nadie como yo conoce tu alma, tus pensamientos, tu proceder, y sé muy bien lo que vales.

Sé que quizás tu vida te parezca pobre a los ojos del mundo, pero Yo sé que tienes mucho para dar, y estoy seguro que dentro de tu corazón hay un tesoro escondido; conócete a ti mismo y me harás un lugar a mí.

Si supieras cuánto hace que golpeo las puertas de tu corazón y no recibo respuesta!

A veces también me duele que me ignores y me condenes como Pilato, otras que me niegues como Pedro y que otras tantas me traiciones como Judas.

Y hoy, te pido paciencia para tus padres, amor para tu pareja, responsabilidad para con tus hijos, tolerancia para los ancianos, comprensión para todos tus hermanos, compasión para el que sufre, servicio para todos.

Quisiera no volver a verte egoísta, orgulloso, rebelde, disconforme, pesimista. Desearía que tu vida fuera alegre, siempre joven y cristiana.

Cada vez que aflojes, búscame y me encontrarás; cada vez que te sientas cansado, háblame, cuéntame.

Cada vez que creas que no sirves para nada no te deprimas, no te creas poca cosa, no olvides que yo necesité de un asno para entrar en Jerusalén y necesito de tu pequeñez para entrar en el alma de tu prójimo.

Cada vez que te sientas solo en el camino, no olvides que estoy contigo.

No te canses de pedirme que yo no me cansaré de darte, no te canses de seguirme que yo no me cansaré de acompañarte, nunca te dejaré solo.

Aquí a tu lado me tienes, estoy para ayudarte.

Te quiero mucho, tu amigo:

Jesús

Día 12
No te alejes

A veces las cosas no salen como quisiéramos, ¿verdad? Muchas veces enfrentamos situaciones difíciles y no entendemos por qué.

Si estás enfrentando un momento de sufrimiento y dificultad, no te olvides del consejo que Dios les da a sus hijos en la Biblia:

"Hijo mío, no tomes mis correcciones como algo sin importancia. Ni te pongas triste cuando yo te reprenda. Porque yo corrijo y castigo a todo aquel que amo y que considero mi hijo."

Si ahora estás sufriendo, es porque Dios te ama y te está corrigiendo como si fueras su hijo. Porque no hay un padre que no corrija a su hijo (Hebreos 12.5-7 TLA)

Recuerda que Jesús dijo: "Si ustedes siguen unidos a mí, yo seguiré unido a ustedes… y si obedecen todo lo que les he enseñado, mi Padre les dará todo lo que pidan.

Él se sentirá orgulloso si ustedes dan mucho fruto y viven realmente como discípulos míos. Así como el Padre me ama a mí, también yo los amo a ustedes. No se alejen de mi amor." Juan 15.4,7-8 (TLA)

"Cuando éramos niños, nuestros padres nos corregían porque pensaban que eso era lo mejor para nosotros. Pero Dios nos corrige para hacernos un verdadero bien: para hacernos santos como él.

Desde luego que ningún castigo nos gusta en el momento de recibirlo, pues nos duele. Pero si aprendemos la lección que Dios nos quiere dar, viviremos en paz y haremos el bien.

Por todo eso, no debes dejar de confiar totalmente en Dios. Si la vida es como una carrera, y ya tienes cansadas las manos y débiles las rodillas, cobra nuevas fuerzas." (Hebreos 12.10-12 TLA)

Día 13
Para saber cómo actuar

Creo que todos buscamos evitar las dificultades y mientras de nosotros dependa, no meternos en problemas.

¿Cuál es la mejor manera de evitar problemas innecesarios? La respuesta la encontramos en las sabias palabras del rey Salomón:

"El prudente ve el mal y se esconde, pero los ingenuos pasan y reciben el daño." Proverbios 22:3 (RV95)

La versión Reina-Valera de 1960 dice que "el avisado" ve el mal y se esconde, y otra versión dice "El que es inteligente ve el peligro y lo evita, el que es tonto sigue adelante y sufre las consecuencias." (TLA)

El avisado y el prudente es el informado, el que ha recopilado conocimiento que puede utilizar para tomar decisiones. Por eso "El ingenuo todo lo cree; pero el prudente mide bien sus pasos". Proverbios 14.15 (RV95).

Es por eso que muchas personas aprenden "por las malas", en cambio hay gente que observa y aprende de otros: "El tonto sólo aprende a través del castigo; al que es sabio le basta con sólo ser reprendido." Proverbios 19:25 (RV95)

En este día yo no tengo nada que decirte, pero la Palabra de Dios a través de la sabiduría de Salomón dice lo siguiente:

"El sabio conoce el miedo y se cuida del peligro, pero el tonto es atrevido y se pasa de confiado. El que pronto se enoja pronto hace tonterías, pero el que piensa en lo hace muestra gran paciencia. La recompensa de los tontos es su propia estupidez; el premio de los sabios consiste en saber cómo actuar." Proverbios 14. 16-19 (TLA).

Día 14

Si has fallado...

¿Cómo estás hoy? Espero que bien. Déjame hacerte una pregunta: ¿Alguna vez has fallado al intentar lograr algo? ¿Has experimentado ese sentimiento de impotencia y frustración cuando algo que emprendiste no salió como esperabas?

Yo puedo decirte que sí lo he experimentado, y de hecho todos los días en mi trabajo enfrento situaciones así.

Hay días que las cosas no me salen como YO QUIERO. Hay días que parecen estar rotulados: "Día de fracaso", o "día de cero logros".

Pareciera que no hay manera de lograrlo, que no hay

solución, que simplemente hemos fallado y tenemos que abandonar.

Pero he aprendido que cuando estoy ante una situación así, en vez de decirme a mí mismo "No puedo hacer esto", o "no puedo lograrlo", tengo que empezar no con una declaración negativa, sino con una pregunta:

¿Cómo puedo lograrlo? ¿Qué puedo hacer para que funcione? ¿Cómo podría hacerlo mejor?

Al formular este tipo de preguntas tu cerebro sale de la parálisis que creaste al emitir algo negativo y se empieza a poner en marcha. Cuando haces este tipo de preguntas el poder creativo de Dios en ti se pone a trabajar y es allí donde surgen las ideas y empiezas a considerar nuevas maneras de hacer algo que antes no habías visto.

La declaración negativa te paraliza, pero una pregunta te obliga a pensar y pone en marcha las capacidades creativas que Dios te dio.

El autor del Libro "Una vida con propósito", Rick Warren, dice lo siguiente: "La vida es una serie de oportunidades para resolver problemas. Las dificultades que enfrentas pueden derrotarte o desarrollarte, dependiendo de cómo respondes a ellas."

Muchas veces no puedes controlar lo que te sucede, pero sí puedes controlar tu actitud frente a lo que te sucede.

"Deja en manos de Dios todo lo que haces, y tus proyectos se harán realidad." Proverbios 16.3 (TLA)

Día 15
Tu condición en Cristo

QUIEN SOY YO:

Yo soy justo y santo (Efesios 4:24)
Yo soy un hijo de Dios (Juan 1:12)
Yo soy amigo de Cristo (Juan 15:15)
Yo soy la sal de la tierra (Mateo 5:13)
Yo soy la luz del mundo (Mateo 5:14)
Yo soy enemigo del diablo (1 Pedro 5:8)
Yo soy siervo de la justicia (Romanos 6:18)
Yo soy una nueva creación (2 Corintios 5:17)
Yo soy prisionero de Cristo Jesús (Efesios 3:1; 4:1)
Yo estoy escondido con Cristo, en Dios (Colosenses 3:3)
Yo soy santo (Efesios 1:1; 1 Corintios 1:2; Filipenses 1:1; Colosenses 1:2)

Yo soy un miembro del cuerpo de Cristo (1 Corintios 12:27)

Yo soy conciudadano del resto de la familia de Dios (Efesios 2:19)

Yo soy participante de Cristo; yo participo de su vida (Hebreos 3:14)

Yo soy coheredero con Cristo y comparto su legado con Él (Romanos 8:17)

Yo soy nacido de Dios, y el malo -el diablo- no puede tocarme (1 Juan 5:18)

Yo soy escogido de Dios, santo y entrañablemente amado (Colosenses 3:12; 1 Tesalonicenses 1:4)

Yo estoy reconciliado con Dios, y soy ministro de reconciliación (2 Corintios 5:18,19)

Yo soy conciudadano del cielo, y estoy sentado en el cielo ahora mismo (Filipenses 3:20; Efesios 2:6)

Yo soy un peregrino extranjero y exilado en este mundo donde vivo transitoriamente (1 Pedro 2:11)

Yo soy hechura de Dios -su manufactura- nacido de nuevo en Cristo, para hacer su obra (Efesios 2:10)

Yo soy templo de Dios -una vivienda suya-. Su Espíritu y su vida viven en mí (1 Corintios 3:16; 6:19)

Yo soy una de las piedras vivas de Dios, y estoy siendo edificado en Cristo como casa espiritual (1 Pedro 2:5).

Yo soy miembro escogido del linaje, del real sacerdocio, de la nación santa, del pueblo adquirido por Dios (1 Pedro 2:9,10).

Puesto que yo estoy en Cristo, por la gracia de Dios...

Cristo mismo es en mí (Colosenses 1:27)

Estoy completo en Cristo (Colosenses 2:10)

Me ha sido dada la mente de Cristo (1 Corintios 2:16)

Soy libre por siempre de toda condenación (Romanos 8:1)

Fui bendecido con toda bendición espiritual (Efesios 1:3)

Fui resucitado y sentado con Cristo en el cielo (Efesios 2:6)

Fui redimido y perdonado; recibo las riquezas de su gracia

Tengo acceso directo a Dios por medio del Espíritu (Efesios 2:18)

Fui enterrado, levantado y resucitado con Cristo (Colosenses 2:12,13)

Me fue dado espíritu de poder, amor y dominio propio (2 Timoteo 1:7)

Fui justificado -completamente perdonado y hecho justo- (Romanos 5:11)

Puedo acercarme a Dios con seguridad, libertad y confianza (Efesios 3:12)

He muerto con Cristo y morí al poder del pecado en mi vida (Romanos 6:1-6)

Fui salvado y puesto aparte conforme al quehacer de Dios (2 Timoteo 1:9; Ti. 3:5)

Fui librado del dominio de Satanás, y trasladado al reino de Cristo (Colosenses 1:13)

Fui predestinado -no determinado por Dios- para ser adoptado como hijo de Dios

(Efesios 1:5)

Fui redimido y perdonado de todos mis pecados. La deuda contra mí fue cancelada

(Colosenses 1:14)

Fui elegido en Cristo antes que el mundo fuera creado para ser santo, y soy inocente ante Él (Efesios 1:4)

Fui comprado por un precio; no soy dueño de mí mismo, sino que pertenezco a Dios
(1 Corintios 6:19,20)

Puesto que he muerto, ya no vivo para mí, ni por mí mismo, sino para Cristo, y por Cristo (2 Corintios 5:14,15)

Dios me dio preciosas y grandísimas promesas, por las cuales soy participantes de la naturaleza divina (2 Pedro 1:4)

Morí con Cristo, y fui resucitado con Cristo. Ahora mi vida está escondida con Cristo en Dios. Ahora mi vida es Cristo (Colosenses 3:1-4)

He recibido el Espíritu de Dios en mi vida, para que sepa que las cosas me son gratuitamente dadas por Dios (1 Corintios 2:12)

Fui crucificado con Cristo, y ya no vivo yo, sino Cristo vive en mí. La vida que ahora estoy viviendo es la vida de Cristo (Gálatas 2:20)

Tengo el derecho de acercarme confiadamente al trono de Dios, para alcanzar misericordia, y hallar gracia en momentos de necesidad (Hebreos 4:16)

Día 16

Cómo desarrollar
un espíritu superior en ti

"Para mantener el control de su reino, Darío nombró a ciento veinte personas que le ayudaban a gobernar. A esos ciento veinte los vigilaban tres jefes superiores a ellos. Uno de esos tres jefes era Daniel. Pero Daniel mismo era superior a estos sátrapas y gobernadores, porque había en él un espíritu superior; y el rey pensó en ponerlo sobre todo el reino." Daniel 6: 1-3 (TLA y RVR60)

Daniel era diferente a los demás, se destacaba, pues tenía una actitud de excelencia en todo lo que emprendía. Daniel impactó a ese reino y a toda su generación.

¿Deseas tener ese espíritu superior en ti? Pues necesitas hacer lo siguiente:

Antes que nada, **conoce verdaderamente a Dios.** Jesús mismo dijo: "Y esta es la vida eterna: que te conozcan a ti, el único Dios verdadero, y a Jesucristo, a quien has enviado." Juan 17.3 (RVR60)

No dice que necesitas conocer a tu pastor, ni a una denominación, ni al gobernador, ni a los ángeles, ni al presidente, sino a Dios, así como también a Su hijo Jesucristo.

"No todo el que me dice: Señor, Señor, entrará en el reino de los cielos, sino el que hace la voluntad de mi Padre que está en los cielos. Muchos me dirán en aquel día: Señor, Señor, ¿no profetizamos en tu nombre, y en tu nombre echamos fuera demonios, y en tu nombre hicimos muchos milagros? Y entonces les declararé: Nunca os conocí; apartaos de mí, hacedores de maldad." Mateo 7.21-23 (RVR60)

¿Cuál es el reproche de Jesús en este pasaje? No es que hiciste o dejaste de hacer tal cosa, o que lograste esto o aquello, sino que es "no tuviste tiempo de conocerme, yo tampoco te conozco, así que fuera de aquí."

Lo más importante en tu vida, y lo que marcará un antes y un después aquí y en la eternidad, es si conoces verdaderamente a Dios.

En segundo lugar, **conócete a ti mismo**. Hemos sido creados espíritu, alma y cuerpo. Tu espíritu te da consciencia de Dios, tu alma te da consciencia de ti mismo y tu cuerpo te da consciencia del mundo que te rodea. Conoce tus fortalezas, pero también tus debilidades. Descubre los dones y talentos que Dios te dio para edificación de Su Iglesia. ¡Úsalos e impacta tu generación con ellos!

Lamentablemente hay gente que todavía está atorada a su pasado, pero Dios te dice hoy: "No os acordéis de las cosas pasadas, ni traigáis a memoria las cosas antiguas. He aquí que yo hago cosa nueva; pronto saldrá a luz; ¿no la conoceréis? Otra vez abriré camino en el desierto, y ríos en la soledad. Este pueblo he creado para mí; mis alabanzas publicará. Yo, yo soy el que borro tus rebeliones por amor de mí mismo, y no me acordaré de tus pecados." Isaías 43.18-19, 21, 25 (RVR60)

Salte ya mismo del pasado, pon tus pies en el presente y comienza a caminar hacia el futuro glorioso que Dios ha preparado para ti. Deja de intentar parecerte a otro y comienza a ser tú mismo. Eres una persona única y sin igual: No existen dos como tú!

Y para terminar, **fíjate con quién te juntas**. Todos conocemos ese dicho que dice: "Dime con quién andas y te diré quién eres", pues mira lo que dice la Palabra de Dios: "El que anda con sabios, sabio será; Mas el que se junta con necios será quebrantado." Proverbios 13. 20

(RVR60)

Es decir, aquel que se junta con sabios aprende a pensar, pero el que se rodea de tontos acaba en la ruina.

No sé qué vas a hacer, pero tienes que hacer algo hoy para que empiece a cambiar tu presente. Ocúpate el día de hoy y toda esta semana de conocer a Dios, conocerte a ti mismo y cuidar quién te hace compañía.

Día 17

Eres el que sigue

Una vez Jesús pasó por un lugar llamado Betesda, y allí había una especie de "piscina." En ese lugar se encontraban muchos enfermos acostados en el suelo: ciegos, cojos y paralíticos. Entre ellos había un hombre que desde hacía treinta y ocho años estaba enfermo.

Cuando Jesús lo vio allí acostado, y se enteró de cuánto tenía de estar enfermo, le preguntó: *"¿Quieres que Dios te sane?" El enfermo contestó: "Señor, no tengo a nadie que me meta en la piscina cuando el agua se remueve. Cada vez que trato de meterme, alguien lo hace primero."* (Juan 5.1-7 - TLA)

Yo creo que este hombre pensaba que ya estaba condenado, que nunca iba a lograr llegar a la piscina.

Este hombre pensaba que su destino ya estaba determinado, pero entonces "Jesús le dijo: Levántate, alza tu camilla y camina. En ese momento el hombre quedó sano, alzó su camilla y comenzó a caminar". (Juan 5.8-9 - TLA)

Lo que este hombre no sabía era que Jesús pasaba por allí. Él pensaba que para ser sano tenía que llegar a la piscina, lo que no sabía era que Jesús se iba a parar delante de él y decirle: "Tú eres el que sigue para ser sano."

Y el día de hoy te digo: ¡tú eres el que sigue! Jesús está aquí ahora y él te pregunta qué es lo que quieres. Respóndele. Dile lo que necesitas, porque él está aquí mientras lees esto. No mires lo que estás viviendo, enfócate en Jesús, Él está frente a ti preguntándote qué deseas que él haga por ti. No hay imposibles para Dios, y al que cree, todo le es posible. Si piensas que no estás capacitado para la obra que tienes en tu corazón, no te preocupes, pues Dios no llama a los que ya saben, el capacita a los llamados.

Y tú has sido llamado a ser luz y mostrar el amor de Jesús en la tierra. No te preocupes de cómo Dios va a cumplir tus sueños, ése es Su problema, a ti te toca amarle, serle fiel y obedecerle. Él se ocupará de lo demás.

Siempre recuerda, como lo vimos anteriormente, de poner todas "tus preocupaciones en las manos de Dios, pues él tiene cuidado de ti." (1Pedro 5.7)

Día 18
Lo que a Dios le interesa

Seguramente has escuchado muchas veces que como cristianos debemos traer fruto. Jesús enseñó sobre eso: "Un buen árbol produce buenos frutos, y un mal árbol produce malos frutos. Para saber si un árbol es bueno o malo, sólo hay que fijarse en sus frutos." Mateo 12:33 (TLA)

Por mucho tiempo pensé que traer fruto era solamente predicarles a otros de Jesús y llevarlos a la iglesia. A pesar de que esa puede ser una interpretación, luego me di cuenta que Jesús iba mucho más allá de eso.

La meta final de Dios para tu vida sobre la tierra no es que te pares frente a millones para predicarles ni tampoco que dirijas alabanza ante multitudes. La meta principal de Dios es el desarrollo de tu carácter y a través de tu carácter el mundo conocerá a Dios.

¿Cómo pensarías que alguien que no conoce a Jesús podría detenerse a hablar contigo si sabe que en tu casa estás peleado con tu mujer, o eres gritón, no pagas tus deudas, etc.?

Dios está mucho más interesado en lo que eres que en lo que haces. Porque lo que haces puede cambiar de un día para el otro, pero lo que eres te define como persona. Lo que eres determina lo que haces y no al revés.

"Así que les digo: Vivan por el Espíritu, y no seguirán los deseos de la naturaleza pecaminosa. Porque ésta desea lo que es contrario al Espíritu, y el Espíritu desea lo que es contrario a ella. Los dos se oponen entre sí, de modo que ustedes no pueden hacer lo que quieren. Pero si los guía el Espíritu, no están bajo la ley.

El fruto del Espíritu es amor, alegría, paz, paciencia, amabilidad, bondad, fidelidad, humildad y dominio propio. No hay ley que condene estas cosas. Los que son de Cristo Jesús han crucificado la naturaleza pecaminosa, con sus pasiones y deseos. Si el Espíritu nos da vida, andemos guiados por el Espíritu." Gálatas 5.16-18, 22-25

Desarrolla el hábito de mejorar tu carácter y la

manera en que respondes a las circunstancias de la vida. Aprende a conocerte a ti mismo y mejorar en las áreas en las que eres débil. Cuida tus palabras y lo que cada una de ellas declara. Revisa tu actitud. Mejora tu amistad con Dios. Investiga mejores métodos para administrar tus finanzas. Desarrolla un plan para aprovechar tu tiempo.

Pero recuerda que para todo esto NECESITAS al Espíritu Santo, porque ese fruto no es natural de nuestra humanidad. Te garantizo que NO lo podrás lograr sin el Espíritu Santo.

"Pero cuando venga el Espíritu Santo sobre ustedes, recibirán PODER y serán mis TESTIGOS tanto en Jerusalén como en toda Judea y Samaria, y hasta los confines de la tierra." Hechos 1.8

El apóstol Pablo dice: "Le pido que, POR MEDIO DEL ESPÍRITU y con el PODER que procede de sus gloriosas riquezas, los fortalezca a ustedes en lo íntimo de su ser, para que por fe, Cristo habite en sus corazones. Y pido que, arraigados y cimentados en amor, puedan comprender, junto con todos los santos, cuán ancho y largo, alto y profundo es el amor de Cristo; en fin, que conozcan ese amor que sobrepasa nuestro conocimiento, para que sean llenos de la plenitud de Dios.

Al que puede hacer muchísimo más que todo lo que podamos imaginarnos o pedir, por el poder que obra eficazmente en nosotros, ¡a él sea la gloria en la iglesia y en Cristo Jesús por todas las generaciones, por los siglos de los siglos! Amén." Efesios 3.16-21

Al desarrollar el carácter de Dios en tu vida no te hará falta ni abrir la boca: los que te rodean simplemente notarán que eres diferente, y a la gente hoy en día se les predica con una vida de ejemplo y no con simples palabras. Alguien dijo: predica TODO el tiempo y si es necesario abre la boca.

"Cada árbol se conoce por los frutos que produce. De una planta de espinos no se pueden recoger ni higos ni uvas." Lucas 6.44 (TLA)

Día 19

Una pregunta clave

El Rey David escribió en el Salmo 34.4: "Engrandezcan al SEÑOR conmigo; exaltemos a una su nombre". Y muchas veces lo cantamos en nuestras iglesias.

Pero, ¿Cuán grande es el Señor en nuestra vida hoy? Si vivimos preocupados ¿No será que en nuestros corazones y pensamientos Dios no es tan grande como para poder ayudarnos?

Permite que Él se engrandezca en tu vida cada día más. De esa manera, mientras más grande sea el Señor en tu corazón, más fácil te será afrontar los problemas cotidianos y las tormentas de la vida.

Dios prometió responderte: "Clama a mí y te responderé, y te daré a conocer cosas grandes y ocultas que tú no sabes." Jeremías 33.3 (NVI)

"Supongamos —dijo Jesús— que uno de ustedes tiene un amigo, y a medianoche va y le dice: Amigo, préstame tres panes, pues se me ha presentado un amigo recién llegado de viaje, y no tengo nada que ofrecerle. Y el que está adentro le contesta: No me molestes. Ya está cerrada la puerta, y mis hijos y yo estamos acostados. No puedo levantarme a darte nada. Les digo que, aunque no se levante a darle pan por ser amigo suyo, sí se levantará por su impertinencia y le dará cuanto necesite.

Así que yo les digo: Pidan, y se les dará; busquen, y encontrarán; llamen, y se les abrirá la puerta. Porque todo el que pide, recibe; el que busca, encuentra; y al que llama, se le abre.

¿Quién de ustedes que sea padre, si su hijo le pide un pescado, le dará en cambio una serpiente? ¿O si le pide un huevo, le dará un escorpión? Pues si ustedes, aun siendo malos, saben dar cosas buenas a sus hijos, ¡cuánto más el Padre celestial dará el Espíritu Santo a quienes se lo pidan!" Lucas 11.5-13

Mateo, en el capítulo 7, versículo 11 relatando la misma enseñanza de Jesús termina diciendo: "Pues si vosotros, siendo malos, sabéis dar buenas dádivas a vuestros hijos, ¿cuánto más vuestro Padre que está en los cielos dará buenas cosas a los que le pidan?"

Esto nos enseña que es teniendo al Espíritu Santo que alcanzaremos las cosas buenas que Dios tiene para nuestras vidas.

Y recuerda que "Dios no es un simple mortal para mentir y cambiar de parecer. ¿Acaso no cumple lo que promete ni lleva a cabo lo que dice?" Números 23:19 (NVI)

Por eso toma un momento el día de hoy, habla con tu Creador, y engrandécelo en tu vida. No le digas a Dios cuán grande es tu problema, dile a tu problema cuán grande es tu Dios.

Día 20

Tu premio o castigo

Hace poco encontré estos versículos en uno de mis libros favoritos de la Biblia: Proverbios, y dice así:

"Cada uno recibe por sus palabras su premio o su castigo. La lengua tiene poder para dar vida y para quitarla; los que no paran de hablar sufren las consecuencias." Proverbios 18:20-21 (TLA)

Muy pocas veces pensamos primero lo que vamos a decir. No nos damos cuenta que lo que decimos tiene un poder increíble. Nuestras palabras tienen vida, penetran en la eternidad.

Por eso fíjate muy bien lo que hablas. Presta atención lo que declaras en cuanto a tu vida, tu situación personal y las vidas que te rodean.

Todo lo que declaras tendrá una consecuencia, buena o mala, según lo que hables. Recuerda que nuestra vida es el resultado de lo que hacemos, y lo que hacemos viene por lo que decimos.

Hoy te animo a que hables lo que Dios piensa de ti, pues Él "no permitirá que tu pie resbale; jamás duerme el que te cuida. Jamás duerme ni se adormece el que cuida de Israel." Salmos 121:3-4 (NVI)

"Dios te eligió a ti para que compartas todo con su Hijo Jesucristo, nuestro Señor, y él siempre cumple su palabra." 1 Corintios 1:9 (TLA)

Día 21

Lo que enfrentamos todos los días

Hay un gigante que todos tenemos que conquistar para cumplir el propósito de Dios en nuestras vidas. Ese gigante tiene el mismo nombre para todos nosotros y se llama miedo.

El miedo es el enemigo más antiguo de la humanidad. Puedes conquistarlo pero nunca eliminarlo. Si lo conquistas en un área aparecerá en otra.

La única manera de derrotarlo es con la fe, porque la fe mueve la mano de Dios. Tanto el miedo como la fe creen que lo que no ves se hará realidad.

La fe es actuar lo que crees, y actuar en fe te llevará a donde Dios te ha llamado.

En 1 Samuel 17. 10 y 16, leemos que Goliat desafiaba al ejército de Israel diciendo: "¡Elijan a un hombre que pelee conmigo! Al oír lo que decía el filisteo, Saúl y todos los israelitas se consternaron y tuvieron mucho miedo. El filisteo salía mañana y tarde a desafiar a los israelitas, y así lo estuvo haciendo durante cuarenta días."

Goliat había paralizado a todo un ejército ¡sin levantar un dedo! El miedo nos paraliza y hace que no actuemos.

Los hermanos de David le decían "Es muy grande para que tú pelees contra él", pero David les contestaba "¡Es demasiado grande como para errarle!".

Y la verdad es que puedes oír lo que la gente a tu alrededor te dice, pero no necesitas escucharlos ni prestarles atención.

La fe viene al escuchar la palabra de Dios, el miedo viene cuando escuchas la voz de tu enemigo.

Hoy te animo a levantarte y decir: "Todo lo puedo en Cristo que me fortalece" y "Si Dios está conmigo, quién contra mí."

Día 22

Lo que tienes dentro

¿Recuerdas lo que Dios le dijo a Josué luego de la muerte de Moisés? Además de decirle "esfuérzate y sé valiente", le dijo: "Recita siempre el libro de la ley (que ahora forma parte de la Biblia) y medita en él de día y de noche; cumple con cuidado todo lo que en él está escrito. Así prosperarás y tendrás éxito." Josué 1.8 (NVI)

Dios no le prometió prosperidad, Él en cambio le dijo que su éxito dependía de él. Y así es con nosotros, porque Dios nos provee de recursos, Su Palabra y todo lo que necesitamos.

He escuchado a gente decir: "ah, si tan sólo pudiera trabajar en aquella gran empresa." Pero la verdad es que tu potencial no está allí, sino dentro de ti. La semilla del potencial y de toda tu creatividad está dentro tuyo, porque Dios la sembró allí.

Había una vez una persona que siempre decía que le gustaría tocar el piano. En una ocasión alguien se le acercó y le preguntó: "¿Tienes un piano?", a lo que él respondió: "No".

— ¿Tienes un amigo que tiene un piano?
— No
— ¿Estás estudiando piano o recibiendo lecciones?
— No
— Pero entonces, ¿qué estás haciendo?

Y esa es la pregunta que quiero dejarte hoy, ¿Qué estás haciendo con tu sueño, con tu visión?

Lo que te toca hacer es ACTUAR en las promesas de Dios. La fe es hacer un paso en la nada y caer en algo, es hacer lo que dice la Palabra de Dios. Si lo haces, entonces "prosperarás y tendrás éxito."

Día 23
Lo que Dios hizo

Hace poco leí una frase que me quedó grabada: "Cuando damos a los demás es cuando más nos parecemos a Dios." Y es cierto, porque la naturaleza de Dios es DAR:

Porque "aunque nosotros todavía éramos pecadores, Dios nos demostró su gran amor al enviar a Jesucristo a morir por nosotros." Romanos 5:8 (TLA)

Muchos de los problemas de la vida cotidiana y hasta dolores físicos desaparecerían si solamente tomáramos tiempo para dar y darnos a los demás. Porque podemos dar cosas materiales, pero también dar de nosotros mismos: compartir lo que hemos aprendido en la vida.

Nunca olvides lo que Dios hizo por ti, "Ámalo con todo tu corazón; es decir, con todo lo que piensas, con todo lo que eres y con todo lo que vales" y también "Ama a tu prójimo como te amas a ti mismo."

"Debemos amar a Dios con todo nuestro ser, y amar a los demás como nos amamos a nosotros mismos. Estos mandamientos son más importantes que cumplir todos los ritos y deberes religiosos." Marcos 12:30-31, 33 (TLA)

En este día te animo a que compartas con otros lo que tienes, porque cuando das estás haciendo lo que Dios hizo.

Recuerda que Dios usa lo que tienes y lo engrandece.

No importa qué talentos o herramientas poseas, no importa si piensas que es poco, o que es insuficiente: Él puede tomarlos (si se los entregas) y hacer algo grande con ellos.

Día 24
¿Estás poniendo de tu parte?

Tú eres la máxima creación de Dios. Eres la expresión de amor de Dios en este mundo, y como tal, Él desea lo mejor para ti. El anhelo de Dios es que crezcas y llegues a ser la persona que Él quiere que seas. Si en algún momento de tu vida has fracasado o las cosas no te han ido como esperabas, recuerda que tus fracasos son escalones para que llegues más arriba.

No es lo que te pasa, sino lo que pasa dentro de ti lo que hace la diferencia. El problema no son tus deudas, problemas familiares, (pon tu situación aquí), etc, sino cómo reaccionas ante ellos. La dificultad que hoy estás viviendo puede ser el lugar donde te quedes estancado, o la oportunidad de Dios de hacer el milagro que él tiene para ti, si lo dejas.

Hace más de 2,000 años un padre desesperado se acercó a Jesús y le pidió por su hijo: "ten misericordia de nosotros, y ayúdanos. Jesús le dijo: Si puedes creer, al que cree todo le es posible. E inmediatamente el padre del muchacho clamó y dijo: Creo; ayuda mi incredulidad." (Marcos 9:21-24 - RV60)

El día de hoy, cree, pues todo es posible si puedes creer. Toma una determinación y niégate a seguir viviendo como hasta hoy. ¡Tienes mucho que aprender, conocer y mucho para expandirte!

Si te quejas de que no tienes dinero: ¿estás diezmando con regularidad?
Si la gente no se "acerca a ti": ¿Cómo estás tratando a los demás?
Si tienes problemas de salud: ¿Te cuidas en las comidas?
Si te sientes en soledad: ¿a cuántas personas has abrazado esta semana?
Si te faltan recursos para tus propósitos: ¿estás ayudando a otros dándoles de tu tiempo, talentos, finanzas, etc.?
Se nos ha predicado mucho que Dios va a hacer esto y lo otro, pero ¿Qué estás haciendo tú para que sus promesas sean realidad en tu vida?

Es tiempo de poner de tu parte y HACER lo que Dios espera de ti.

Día 25
No sirve de nada

¡Aquel que no tenga preocupaciones que levante la mano! Cuando éramos niños como que todo era más fácil, no teníamos tantas preocupaciones. ¿Por qué a medida que crecemos todo se empieza a poner "más difícil"?

Es parte del crecimiento. Crecer lleva consigo dificultades y problemas, por eso nos preocupamos. Pero ¿ganamos algo al preocuparnos? No, simplemente angustiarnos más.

Por eso "Jesús les dijo a sus discípulos:

-No se preocupen. Confíen en Dios y confíen también en mí." Juan 14:1 (TLA)

Hoy Jesús te dice: "No vivas preocupado pensando qué vas a comer, qué vas a beber o qué ropa te vas a poner. ¿Acaso la vida consiste sólo en comer? ¿Acaso el cuerpo sólo sirve para que lo vistan?

Mira los pajaritos que vuelan por el aire. Ellos no siembran ni cosechan, ni guardan semillas en graneros. Sin embargo, Dios, el Padre que está en el cielo, les da todo lo que necesitan. ¿Acaso no eres tú más importante que ellos? ¿Crees que por preocuparte vivirás un día más?

Aprende de las flores que están en el campo. Ellas no trabajan para hacerse sus vestidos. Sin embargo, te aseguro que ni el rey Salomón se vistió tan bien como ellas, aunque tuvo muchas riquezas.

Si Dios hace tan hermosas a las flores, que viven tan poco tiempo, ¿acaso no hará más por ti? ¡Veo que todavía no has aprendido a confiar en Dios!

Ya no te preocupes preguntando qué vas a comer, qué vas a beber o qué ropa te vas a poner. Sólo los que no conocen a Dios se preocupan por eso. Tú no te desesperes por esas cosas. Tu Padre que está en el cielo sabe que las necesitas.

Lo más importante es que reconozcas a Dios como único rey, y que hagas lo que él te pide. Todo lo demás, él te lo dará a su tiempo. Así que no te preocupes por lo que pasará mañana. Ya tendrás tiempo para eso.

Recuerda que ya tenemos bastante con los problemas de cada día." Mateo 6:25-34 (TLA)

Día 26
Lo que más me gusta

Lo que más me gusta de Dios es que Él me acepta como soy. Él no ve mi pasado, ve mi presente, me ve como Su hijo.

Una vez Jesús se encontró con unas personas que le hicieron una pregunta para ponerle una trampa y había una mujer a la que estaban por apedrear, debido a su mala conducta.

Como estos hombres "no dejaban de hacerle preguntas, Jesús se levantó y les dijo:

—Si alguno de ustedes nunca ha pecado, tire la primera piedra… Al escuchar a Jesús, todos empezaron a irse, comenzando por los más viejos, hasta que Jesús se quedó solo con la mujer.

Entonces Jesús se puso de pie y le dijo:
—Mujer, los que te trajeron se han ido. ¡Nadie te ha condenado! Ella le respondió:
—Así es, Señor. Nadie me ha condenado
Jesús le dijo:
—Tampoco yo te condeno. Puedes irte, pero no vuelvas a pecar." Juan 8:2-11 (TLA)

"Por eso, mantengamos una amistad sincera con Dios, teniendo la plena seguridad de que podemos confiar en él. Porque Cristo nos dejó limpios de pecado, como si nos hubiera lavado con agua pura, y ya estamos libres de culpa." Hebreos 10:22 (TLA)

No importa lo que hayas hecho o dónde o cómo hayas caído. Hoy Dios te dice: "Yo te perdonaré todo lo malo que hayas hecho, y nunca más me acordaré de tus pecados." Hebreos 8:12 (TLA)

"Yo soy el que por amor a mí mismo borra tus transgresiones y no se acuerda más de tus pecados." Isaías 43:25 (NVI)

Así que si el diablo te recuerda tu pasado, ocúpate de recordarle su futuro: "¡Nuestro Dios ha salvado a su pueblo; ha mostrado su poder, y es el único rey! Su Mesías gobierna sobre todo el mundo. El diablo ha sido arrojado del cielo, pues día y noche, delante de nuestro Dios, acusaba a los nuestros.

La muerte del Cordero, y el mensaje anunciado, ha sido su derrota. Los nuestros no tuvieron miedo, sino que se dispusieron a morir." Apocalipsis 12:10,11 (TLA)

Día 27

Aprende a reconocer actitudes y circunstancias que dañan tu vida

Todos los días hay actitudes y circunstancias que pueden dañar el templo del Espíritu Santo que está dentro de nosotros. Tenemos que aprender a reconocer lo que daña nuestra vida. En el libro del Cantar de los Cantares leemos:

"Atrapen a las zorras, a esas zorras pequeñas que arruinan nuestros viñedos, nuestros viñedos en flor." Cantares 2.15 (NVI)

¿Cuáles son las actitudes que están dañando tu matrimonio, tu familia y tu relación con los demás? Pablo les preguntaba a los gálatas: "Ustedes estaban corriendo bien. ¿Quién los estorbó para que dejaran de obedecer a la verdad?" Gálatas 5:7 (NVI)

"Asegúrense de que nadie deje de alcanzar la gracia de Dios; de que ninguna raíz amarga brote y cause dificultades y corrompa a muchos". Hebreos 12:15 (NVI)

"Pase lo que pase, compórtense de una manera digna del evangelio de Cristo. De este modo, ya sea que vaya a verlos o que, estando ausente, sólo tenga noticias de ustedes, sabré que siguen firmes en un mismo propósito, luchando unánimes por la fe del evangelio". Filipenses 1:27 (NVI)

"Así también la lengua es un miembro muy pequeño del cuerpo, pero hace alarde de grandes hazañas. ¡Imagínense qué gran bosque se incendia con tan pequeña chispa! También la lengua es un fuego, un mundo de maldad. Siendo uno de nuestros órganos, contamina todo el cuerpo y, encendida por el infierno, prende a su vez fuego a todo el curso de la vida.

El ser humano sabe domar y, en efecto, ha domado toda clase de fieras, de aves, de reptiles y de bestias marinas; pero nadie puede domar la lengua. Es un mal irrefrenable, lleno de veneno mortal". Santiago 3.5-8 (TLA)

Así que: "Hablen siempre de cosas buenas, díganlas de manera agradable, y piensen bien cómo se debe contestar a cada uno". Colosenses 4.6 (TLA)

El salmista oraba a Dios de esta manera:
"Nadie parece darse cuenta
de los errores que comete.
¡Perdóname, Dios mío,
los pecados que cometo
sin darme cuenta!" Salmos 19:12 (TLA)

"Estoy convencido de esto: el que comenzó tan buena obra en ustedes la irá perfeccionando hasta el día de Cristo Jesús". Filipenses 1:6 (NVI)

Día 28
¿Te queda alguna duda?

Déjame recordarte que Dios está contigo, a tu lado, pues nunca te ha abandonado.

Hay veces que "sentimos" que Él no está con nosotros, o que Él está lejos, pero es porque posiblemente nosotros nos hemos alejado. Los que creamos la distancia entre Dios y nosotros somos los seres humanos.

Recuerda que "Dios te ha elegido a ti, para que compartas todo con su Hijo Jesucristo, tu Señor, y él (Dios) siempre cumple su palabra." 1 Corintios 1:9 (TLA)

Además, Él "no permitirá que tu pie resbale; jamás

duerme el que te cuida. Jamás duerme ni se adormece el que cuida de Israel." Salmos 121:3-4 (NVI)

Y si todavía te queda alguna duda, Dios te dice hoy: "Yo estoy contigo. Te protegeré por dondequiera que vayas… No te abandonaré hasta cumplir con todo lo que te he prometido." Génesis 28:15 (NVI)

En este día Dios desea hacerse presente en tu vida, simplemente "Reconoce que el Señor tu Dios es el Dios verdadero, el Dios fiel, que cumple su pacto generación tras generación, y muestra su fiel amor a quienes lo aman y obedecen sus mandamientos." Deuteronomio 7:8-9 (NVI)

Día 29
¿No te ha pasado?

¿Has sentido una especie de soledad al hablar con Dios, como si Él estuviera "en otros asuntos" menos en los tuyos? ¿No te ha pasado que tú le hablas pero sientes que Él está muuuy lejos, que no puede oírte?

Te pregunto porque me ha pasado. Es como que nuestra oración rebota en el techo y no llega a destino. Déjame decirte que tú puedes generar la respuesta de parte de Dios, porque Él responde a todos sus hijos. A veces no será la respuesta que tú crees es la mejor, pero Él no te dejará sin respuesta.

En este día aparta un momento y habla con Dios, Él estará allí contigo y te escuchará, el no está lejos, porque

"Dios siempre está cerca para salvar a los que no tienen ni ánimo ni esperanza". Salmos 34:18 (TLA)

Aunque muchas veces no lo sentimos, "El Dios que hizo el mundo y todo lo que hay en él es Señor del cielo y de la tierra. No vive en templos construidos por hombres, ni se deja servir por manos humanas, como si necesitara de algo. Por el contrario, él es quien da a todos la vida, el aliento y todas las cosas. De un solo hombre hizo todas las naciones para que habitaran toda la tierra; y determinó los períodos de su historia y las fronteras de sus territorios. Esto lo hizo Dios para que todos lo busquen y, aunque sea a tientas, lo encuentren. En verdad, él no está lejos de ninguno de nosotros, puesto que en él vivimos, nos movemos y existimos." Hechos 17:24-28

¿Puedes comprender esto? ¡Dios hizo maravillas para ser encontrado! ¡Dios desea ser encontrado! Busca y encontrarás!

Día 30

Dios camina con nosotros

Hoy me gustaría recordarte que "El Señor nos recuerda y nos bendice: bendice al pueblo de Israel, bendice a los descendientes de Aarón, bendice a los que temen al Señor, bendice a grandes y pequeños". Salmos 115:12-13 (NVI)

"El Señor es sol y escudo;
Dios nos concede honor y gloria.
El Señor brinda generosamente su bondad
a los que se conducen sin tacha." Salmos 84:11 (NVI)

"El justo se ve coronado de bendiciones,
pero la boca del malvado encubre violencia.
La bendición del Señor trae riquezas,
y nada se gana con preocuparse.

Lo que el malvado teme, eso le ocurre;
lo que el justo desea, eso recibe." Proverbios 10:6, 22, 24 (NVI)

Dios siempre está al tanto de sus hijos. Él no es un padre ausente, sino que día a día te muestra las bondades de su amor. Por eso podemos decir como Job: "Me diste vida, me favoreciste con tu amor, y tus cuidados me han infundido aliento." Job 10:12 (NVI)

El salmista lo expresaba de esta manera: "Porque tú, Señor, bendices a los justos; cual escudo los rodeas con tu buena voluntad." Salmos 5:12 (NVI)

"A los necios no les importa si Dios los perdona o no, pero la gente buena quiere el perdón de Dios." Proverbios 14:9 (TLA)

"Dios hizo todo eso para que lo alabemos por su grande y maravilloso amor. Gracias a su amor, nos dio la salvación por medio de su amado Hijo." Efesios 1:6 (TLA)

"Así que, cuando tengamos alguna necesidad, acerquémonos con confianza al trono de Dios. Él nos ayudará, porque es bueno y nos ama." Hebreos 4:16 (TLA)

Así que por todo esto, y por todo lo que recibiremos de Dios en el futuro: "¡Demos gracias a Dios por su amor, por todo lo que ha hecho en favor nuestro!" Salmos 107:8 (TLA)

Recursos Cristianos

Me gustaría mucho seguir en contacto contigo, por eso te invito a que nos visites en los siguientes sitios:

(http://www.facebook.com/devociontotal)
(http://twitter.com/musicacristiana)
(http://www.youtube.com/devociontotal)
(http://pinterest.com/devociontotal)
(https://plus.google.com/+Devociontotalcom)
(http://devociontotal.com/whatsapp)

Si deseas recibir nuestro boletín puedes suscribirte gratis visitando la siguiente página:

www.devocionmusical.com/boletin_suscripcion.htm

Recibirás música, videos, CDs para descargar, más libros como éste y lo más importante: una Palabra de Dios para ti.

Para finalizar, te dejo una lista de sitios web que puede ayudarte en tu relación con Dios a través de recursos musicales, videos y material de edificación.

Devoción Total
(www.DevocionTotal.com): Red de sitios cristianos dedicada a proveer recursos para la evangelización y la edificación de los creyentes en Cristo Jesús.
Encontrarás prédicas, música, mp3s, videos, reflexiones cristianas, devocionales y mucho más.

CD Virtual GRATIS
(www.DevocionTotal.com/cdvirtual/) Un CD completo para descargar que contiene la música de cantantes cristianos independientes en archivos MP3, un librito y otras sorpresas dentro!

Sermones Cristianos.NET
(SermonesCristianos.NET): Descarga gratis sermones en audio mp3, prédicas cristianas y estudios bíblicos. También predicaciones escritas y en video.

Estudios Bíblicos
(www.EstudiosBiblicosCristianos.NET): Materias del Instituto Bíblico Palabra de Fe que ahora puedes leer y consultar en línea.

Mensajes Cristianos
(www.MensajesCristianos.NET): Un devocional de aliento para tu vida tomado de la Biblia. La Palabra de Dios: Un mensaje para cada día del año

Aplicaciones Cristianas
(www.AplicacionesCristianas.com): Diferentes aplicaciones gratis para dispositivos móviles con sistema operativo Android, Apple y Nokia: Devocionales, Libros, Música y Videos.

Estamos en contacto!
Andrés y todo el Equipo de
DevocionTotal.com

Estimado Lector

Nos interesa mucho tus comentarios y opiniones sobre esta obra. Por favor ayúdanos comentando sobre este libro. Puedes hacerlo dejando una reseña en la tienda donde lo has adquirido.

Puedes también escribirnos por correo electrónico a la dirección info@editorialimagen.com

Si deseas más libros como éste puedes visitar el sitio de **Editorialimagen.com** para ver los nuevos títulos disponibles y aprovechar los descuentos y precios especiales que publicamos cada semana.

Allí mismo puedes contactarnos directamente si tienes dudas, preguntas o cualquier sugerencia. ¡Esperamos saber de ti!

Más Libros del Autor

30 días con Dios - Lecturas diarias que te fortalecerán y te acercarán al Padre

Lo que leerás a continuación es un devocional que hemos preparado con algunas de las reflexiones que ya hemos enviado por correo electrónico a miles de personas alrededor del mundo desde al año 2004

Consejos Prácticos Para Vivir Feliz - Sabiduría en enseñanzas breves para una vida cristiana plena y fructífera

Este libro está basado en el famoso libro de los Proverbios, en el cual podemos encontrar consejos y enseñanzas provenientes de varios sabios del pueblo de Israel.

Amigo de Dios - Un libro ilustrado para niños que desean estar más cerca de Dios

Descubre cómo ser amigo de Dios a través de historias ilustradas sencillas y divertidas. Contiene historias bíblicas tales como "El Tesoro Escondido" y un cuento para niños sobre el valor del dar: "Regalos del Corazón".

Vida Cristiana Victoriosa - Fortalece tu fe para caminar más cerca de Dios

En este libro descubrirás cómo vivir la vida victoriosa, Cómo ser amigo de Dios y ganarse Su favor, Lo que hace la diferencia, Cómo te ve Dios, Cómo ser un guerrero de Dios, La grandeza de nuestro Dios, y mas

Más Libros de Interés

Engrandeced a Nuestro Dios - Cómo experimentar la verdadera comunión con Dios

Desde el principio Dios siempre ha buscado al hombre. Su inmenso corazón de Padre lleno de amor ha anhelado una relación íntima y especial con cada uno de nosotros.

Harto de Religión - Pero deseoso del Dios vivo

Con una inocultable nostalgia, Picone pide volver a los tiempos del "primer amor", como reza Apocalipsis.

Consejos para el Noviazgo Cristiano - Principios Bíblicos para un Noviazgo con Propósito

En este libro descubrirás los principios de parte de Dios para un noviazgo enfocado en cumplir Sus propósitos, tanto para tu vida como así también la de tu pareja.

Instinto de Conquista

Es un libro motivacional, que desafía la inquietud de cualquier persona que anhele un cambio en su vida y no sabe por dónde comenzar.

La Dieta de Dios - El plan divino para tu salud y bienestar

Principios bíblicos para una buena nutrición. Dios está muy interesado en tu cuerpo. Si nuestro cuerpo es templo del Señor y es Su habitación, tendremos que darle cuentas del uso y abuso que le demos.

Promesas de Dios para Cada Día
- Promesas de la Biblia para guiarte en tu necesidad

Nuestro Padre es un Dios de Amor. En Su Palabra encontramos los regalos y bendiciones que nuestro Padre tiene para nosotros. Este libro te ayudará a conocerlos (o descubrirlos nuevamente) para que puedas estar siempre agradecido. También te ayudará a conocer lo que Dios espera de nosotros como hijos Suyos.

Perlas de Sabiduría – Un devocional - 60 días descubriendo verdades en la Palabra de Dios

En este libro devocional para mujeres descubrirás verdades y principios espirituales 'escondidos', así como las perlas, los cuales están esperando ser encontradas por aquellos que realmente quieren saber más.

A través de los 60 días descubrirás a Dios y a Su hijo Jesucristo como nunca antes, y conocerás más sobre Su gloria, la alabanza, y el cielo, entre otros temas.

Espíritu Santo, ¡Sopla En Mí! Aprendiendo los secretos para un vida de poder espiritual

Este libro te guiará a conocer al Espíritu Santo como persona. También aprenderás que es posible vivir una vida llena de su presencia. ¡Vivir una vida en lo sobrenatural es posible!

Apocalipsis - Un vistazo al futuro de la humanidad

Este libro fue escrito para entender las revelaciones contenidas en el Libro del Apocalipsis.

Además encontrará estudios adicionales relacionado con los demonios, el Anticristo y lo relacionado con el Tribunal de Cristo, temas tratados en la Palabra de Dios en otros contextos pero que integran el tiempo del estudio apocalíptico, dado que el principal propósito es lograr un estudio en orden cronológico según sucederán los hechos.

La Oración Intercesora - Principios para una vida de oración eficaz

Este libro te ayudará a descubrir el placer de orar. Aún en nuestras vidas tan agitadas podemos aprender a orar y a interceder como a Dios le agrada.

Es mi deseo que este libro te inspire a ser parte de ese ejército de Dios que continuamente clama al cielo "¡Que venga tu reino!" Sin duda Dios hará maravillas con cada vida que le crea a Él y actúe en consecuencia

El Predicador Cristiano - Cómo prepararse personal y espiritualmente antes de entregar el sermón

Nuestra tarea es revisar la motivación de nuestro corazón. ¿Qué es lo que te lleva a predicar? ¿Por qué lo haces? Luego, ¿cuál es el propósito final de la predicación según la Biblia?

En este libro cristiano encontrarás estos tres principales ejes:
* Lo que el predicador es según la Biblia
* Lo que el predicador cristiano no debe descuidar
* Elementos del Sermón

Los Dones Espirituales - Descubre el don que hay en ti para edificación de la Iglesia

Debemos tener una sincera preocupación por descubrir nuestros dones para ponernos a servir al Cuerpo, de lo contrario, lo que hayamos recibido comenzará a marchitarse y pronto se secará definitivamente. Los dones de en una iglesia son la prueba de que el Espíritu Santo está presente y que tiene vida

¿Podemos confiar en la Biblia? - Respuestas a las más inquietantes preguntas sobre la Biblia

En este libro encontrarás respuesta a las siguientes preguntas:

¿Cómo llegamos a tener definitivamente la Biblia tal cual la poseemos hoy? ¿Es posible que tantos autores no se contradigan entre ellos? ¿Cuántas Biblias hay? ¿Es la Biblia inspirada por Dios? ¿Cuál es su mensaje principal? Y mucho más!

Sanidad para el Alma Herida - Como sanar las heridas del corazón y confrontar los traumas para obtener verdadera libertad espiritual

Este es un libro teórico y práctico sobre sanidad interior. Nuestra enseñanza motiva la búsqueda de la sanidad para las mentes y espíritus de las almas sufridas.

Se tratan temas como: Enfermedades del alma, Mecanismos de defensa, Abuso y violación, Maltrato Infantil, Carencias afectivas Maldiciones El perdón, El Arrepentimiento Y muchos más…

Alabanza y Adoración - Cómo adorar a Dios según la Biblia

En este libro descubrirás las bases bíblicas de la alabanza y la adoración para poder adorar a Dios como Él está buscando que lo hagan. Podrás encontrar los siguientes temas y muchos más:
* Significados de alabanza y adoración
* Cómo manifestar la alabanza y la adoración
* Por qué adorar al Señor
* Cómo convertirme en un adorador
* El efecto que tiene la adoración en el interior del creyente

Conociendo más a la persona del Espíritu Santo

Este libro sobre la Persona del Espíritu Santo es el relato de un viaje personal. Después de muchos años de ser creyentes el Señor puso una inquietud en mi vida y la de mi esposo - la inquietud por buscar la llenura del Espíritu Santo. Fue un 'viaje' donde aprendimos mucho y en estas páginas comparto esa aventura espiritual.

Ángeles en la Tierra - Historias reales de personas que han tenido experiencias sobrenaturales con un ángel

Este libro no pretende ser un estudio bíblico exhaustivo de los ángeles según la Biblia – hay muchos libros que tratan ese tema. Los ángeles son tan reales y la mayoría de las personas han tenido por lo menos una experiencia sobrenatural o inexplicable.

El Ayuno, una cita con Dios El poder espiritual y los grandes beneficios del ayuno

Descubre lo que dice la Biblia sobre el ayuno y todos los beneficios que trae realizar un ayuno escogido por Dios. Si estás buscando una unción especial para tu ministerio, tal vez el ayuno es la respuesta que necesitas.

Aunque el enfoque de este libro es el gran poder espiritual que se obtiene por ayunar también se describen los beneficios físicos, las diferentes maneras de ayunar, la motivación, cómo romper un ayuno y otra información práctica.

Dios está en Control - Descubre cómo librarte de tus temores y disfrutar la paz de Dios

En este libro, el pastor Jorge Lozano, quien nació en México y vive en Argentina desde hace más de 20 años, nos enseña cómo librarnos de los temores para que podamos experimentar la paz de Dios.

El hombre que parafraseaba - Un encuentro de consecuencias eternas

Este libro relata la historia de un encuentro entre un niño azotado por la soledad y un anciano que en el amor ha obtenido las respuestas. El anciano está de paso, el niño se encuentra solo como casi siempre, pues su madre está muy ocupada, y esto sucede en una ciudad colonial llena de luz y magia. Bastarán dos días para que juntos emprendan un viaje de ida y vuelta a lo más profundo del corazón de Dios

Cosecha Española - El avance de las buenas nuevas en España

"Cosecha Española" es el relato verídico de una intrépida mujer inglesa y su esposo, un español dotado con dones extraordinarios y la evangelización de la región de Galicia, España, a fines del siglo 19 y comienzos del siglo 20. Fueron aquellos tiempos difíciles y peligrosos para los primeros misioneros pero también desafiantes, pues ellos, sin tener los medios de los que nosotros disponemos hoy, predicaron el evangelio con una sola meta: la salvación de las almas.

Dios Contigo - Tu Padre quiere hablarte y tiene un mensaje para ti

Varios autores se han reunido para darle forma a este libro, cuya intención es acercarte más al corazón de Dios.

www.ingramcontent.com/pod-product-compliance
Lightning Source LLC
Chambersburg PA
CBHW052105070526
44584CB00017B/2341